AF230499

GERVAIS

DE CASTELFRANC (LOT)

HISTOIRE

PAR QUI LA STABILITÉ DE LA RÉPUBLIQUE.

IMPRIMERIE DE X. DUTEIS, A VILLENEUVE.

1871.

INTRODUCTION.

Cet opuscule est la vérité historique. Je trouve la république bien faible dans son début ; je désire qu'elle devienne géante dans sa virilité. Sans les discordances, elle se montrerait digne du ciel dont elle est la fille bien-aimée. Sans la discordance, la République serait en France et en Europe, comme dans ces lieux de *promission, où tout est amour !* Que notre époque donne des mœurs chevaleresques à la république, et on ne tardera pas de voir la conversion du despotisme de Brangdebourg et de

Saint-Pétersbourg aux pieds des autels des républiques démocratiques.

Le mouvement du communisme à Paris, et dans les principales villes de France, ne peut avoir que l'assentiment des Prussiens; car il a pour objet de morceler la France comme du temps du régime féodal. La France, morcelée, présenterait le tableau de l'Italie avant le recouvrement de son unité. La compression de Guillaume sur la France morcelée, serait celle d'Othon-le-Grand sur l'Italie après la déchéance de Béranger.

Quant aux chefs des communistes de Paris, ils ne sont pas aussi blamables que le vulgaire pourrait le penser; ces chefs sont bien moins blamables que les chefs de 1789, de 1815 et de 1830; ces chefs exigent un million de fois moins que leurs prédécesseurs des époques dont je viens de parler; ces chefs sont sans culottes et ne demandent qu'à se culotter; qu'on se hâte donc de couvrir leurs nudités et dans l'air le plus pur de la cinquième partie du monde (l'Océanie).

Après la purge de Paris, il faudrait un dictateur

patriote et doué de génie, avec une main de fer comme Louis XI et le cardinal de Richelieu. Un dictateur a pour mission, aidant le retour des bonnes mœurs, de ramener la sérénité des beaux jours politiques. Sans les bonnes mœurs, on peut comparer la république aux compagnies anglaises qui, sous la communion du pape d'Avignon, lui pillèrent ses trésors. La république, sans les mœurs appropriées, est une persécution générale.

Des foliculaires, pour me servir de l'expression de l'auteur de la *Henriade*, ont blamé Napoléon III sous certains rapports ; à cet égard, je demeure silencieux, par respect pour l'histoire, qui décidera plus tard dans la balance de son impartialité. Ces folliculaires, partisans des enrichis par les jeux de bourse, par les tontines, par les loteries, par les sociétés anonymes, se sont bien donné garde de dire que Napoléon aurait dû empêcher ces abus voleurs d'une trentaine de milliards au préjudice du public ; ils se sont bien donné garde de blamer Napoléon pour ne pas avoir congédié définitivement les assemblées délibérantes, *toujours le foyer des discordes et des guerres civiles ;* et cela, parce que, avec le défaut de surveillance et les mauvaises institutions, les pillards trouvent à coup sûr le moyen de s'engraisser.

Ce sont les utopies de 1789, coalisées avec la camaraderie de la régence de Louis XV, les utopies de 1815 et de 1830, à qui nous devons les présentes anomalies. Les factions du passé reparaissent avec intensité douloureuse sur l'horizon politique. Ces factions ne cherchent qu'à se supplanter pour des motifs d'argent et d'honneurs.

Si la république se voyait obligée, par la force des choses, de *secouer la poussière de ses souliers, comme saint Paul à* Ephèse, elle devrait prier la quatrième dynastie, faite par la gloire, comme les précédentes races royales, de chasser de la France le *régime anglais* et le *césarisme.* C'est par le banissement de ces deux intrus qu'on obtiendra de bonnes mœurs ; or, ce sont les bonnes mœurs seules qui font la république avec durée et stabilité ; ce sont les bonnes mœurs et Guillaume-Tell qui consolidèrent la république de la Suisse. Elle eut autant de force contre Albert, duc d'Autriche et empereur d'Allemagne, que l'ancienne république de la Grèce contre Xercès et Mardonius.

———————

DE LA RÉPUBLIQUE.

Comment la mettre au monde avec stabilité.

Avant l'élévation de Clovis le Grand au trône, le gouvernement était républicain au-delà du Rhin. Au Champ de Mars et au Champ de Mai se faisaient les délibérations. Après les conquêtes des Gaules par Clovis le Grand, victorieux à Tolbiac et à Wouillé, la république ultra-rhénane passa, non au régime anglais ni au césarisme, mais à l'absolutisme, comprenant l'hérédité de la couronne et l'hérédité de toutes gravitations politiques autour de la couronne. Sans s'en douter, nos pères s'étaient donné une constitution semblable à celle du vieux peuple égyptien, constitution qui est tout au long dans l'*Histoire universelle* de Bossuet. Avec leur constitution, les vieux Egyptiens eurent une durée de treize siècles; ils existeraient encore dans leur force originaire, si le système des ambassades avait eu la régularité qu'il a en Europe depuis environ le XVe siècle. Lous XI disait à ses ambassadeurs : les étrangers nous trompent, *trompez-les bien*. Les Egyptiens furent imprévoyants sur les forces guerrières de Cambyse. C'est cette imprévoyance qui les fit subjuguer par le roi des Perses. L'histoire inexorable blame les Egyptiens sur leurs imprudences et imprévoyances; elle se montre semblable à elle-même contre la France ; on ne peut pas dire contre Napoléon, parce que Napoléon n'était, à raison de nos institutions, que le serviteur du Sénat et du Corps législatif; Napoléon, dans le fait de l'organisation politique, n'était que la reine Victoire d'Angleterre, et on lui fit entendre le régime anglais par ces paroles : *On ne doit pas faire de la France une caserne.* Le général Niel se tut, et Napoléon III, fidèle, contre sa pensée, au régime anglais, garda également le silence. Le ministère, qui appartenait aux deux Chambres et non à Napoléon III, qui n'était que la reine Victoire, dit : « *Tout est prêt ; il ne manque pas un bouton de guêtre.* » Si Napoléon s'était récrié, on lui aurait jeté au visage : *Le pays par le pays, le contrôle.*

C'est donc le régime anglais, introduit en France contre les lois divines et humaines, qui a commis les fautes d'imprudence et d'imprévoyance ; c'est lui qui nous a déchaîné les hordes de Brangdebourg avec des combinaisons nouvelles, et aussi étranges et aussi meurtrières, dans une acception générale que dans une acception particulière, le spectacle inattendu du grand Frédéric à Rosbacht. Soubise eut tort à Rosbacht ; or Napoléon, le général du régime anglais, a eu tort sur les frontières du nord de la France et à Sedan, c'était au régime anglais, sous lequel la France a gémi depuis 1789, d'instruire Napoléon III sur la nouvelle tactique militaire des Brangdebourg. Or, sur de vrais renseignements, Napoléon se serait mis à la hauteur des Brangdebourg, et le général du régime anglais aurait on ne peut pas mieux mérité de la patrie. Le régime anglais, justement puni et mis à la porte par la République, s'est vu remplacé par onze citoyens se disant les représentants de la défense nationale. Ces représentants ont fait appel aux armes ; deux millions d'hommes ont été en ligne de bataille à la volonté des hommes de la défense nationale ; l'esprit patriotique s'est prononcé dans toutes les couches du peuple; tout le monde a tenu à cœur et à honneur de marcher sous le drapeau de Charrette, Cathelineau, Garibaldi et autres dévouements à la cause politique ; et qu'est-il résulté de cet entrain enthousiaste et patriotique? la défaite de deux millions d'hommes par sept cent soixante mille Brangdebourgs ou complices. Que penser de deux ou trois chefs principaux dont les actes sont un contraste avec le ministre Gambetta? que penser d'une république démocratique qui n'imite pas la république aristocratique de Londres, qui fit pendre le gouverneur de Port-Mahon au haut du mât de son vaisseau?

Le gouvernement de la défense nationale a dépensé quatre milliards pour mettre sous les yeux de la France l'humiliation de la capture de sept cents mille hommes, la livraison de deux provinces considérables et l'impôt de cinq milliards, sans parler du séjour de cinq ou six cent mille Prussiens, à nos frais, dans la Champagne et autres provinces.

Sire Guillaume, vous vous croyez très-fort avec les prérogatives de votre conquête ; jamais vous n'avez été si faible; vous auriez été au sommet de la force si la France avait planté son drapeau sur la rive gauche du Rhin ; cette plantation était l'équilibre entre toutes les nations de l'Europe et le signe certain de la transformation de votre Allemagne sur le modèle des réformes dans la péninsule de l'Italie. Sire Guillaume, vous pouvez compter sur les réactions de l'Europe ; les fermentations ne passeront à l'état de repos qu'après l'obtention de l'équilibre territorial ; puisque vous et votre Bismark avez refusé le remaniement territorial qui était dans l'intérêt de tous, le remaniement territorial de l'avenir sera aussi dans l'intérêt de tous ; mais par exception, en qualité de persécuteur de l'Europe pour cause des guerres d'invasion, qui n'ont appartenu qu'aux siècles barbares, vous pouvez vous attendre à des déplacements semblables à ceux des Juifs par le Roi de Babylonne. L'Europe ne sera pas féroce contre votre peuple, malgré que vous l'ayez été contre la France ; mais elle le mettra, vous pouvez y compter, dans une position où votre tactique militaire ne portera pas plus atteinte à l'humanité que les malfaiteurs que la justice conduit à la Guyane française et hollandaise. Dans le cours de cet opuscule, j'aurai à vous parler de votre Bismark, de votre Molke, de vos Prussiens. Quant à vous et à votre tendre Augusta, vous faites trop rire les Français pour qu'ils vous conservent la moindre rancune. Jamais le spectacle d'une machine digestive n'a excité plus d'intérêt et d'hilarité que la personne de Votre Majesté à Versailles. Nos vaudevillistes se disposent à mettre en scène votre personne et votre épouse.

Les vaudevilles en votre faveur sont sûrs de réunir autant de monde que les parades qu'on joue aux grandes foires de Beaucaire.

La critique frappe l'honorable Gambetta ; elle le frappe pour des imperfections. La France serait bien fâchée qu'il n'en eût pas ; car les héros d'Homère nous plaisent par cela seul qu'ils en ont. Ce n'est pas le ministre Gambetta que le blame doit frapper ; ce sont les traîtres qui ont livré Paris et qui se sont rendus coupables dans l'est de la Francè. Si le ministre Gambetta avait pu avoir la dignité de sa personne à la fois en province et à Paris, les Prussiens auraient été châtiés de leurs pillages, attentats et profanations. A Paris, les traîtres auraient tremblé devant le citoyen Gambetta, comme les traîtres grands vassaux de la couronne tremblèrent devant Philippe II avant la bataille de Bouvines.

La trahison à Paris fit des démonstrations formidables en apparence ; mais sous ces démonstrations existait l'arrière-pensée de livrer la capitale de la France à l'ennemi. Fallait-il avoir une intelligence supérieure pour faire entrer dans la capitale des vivres pour un an ou quinze mois? Ne fait-on pas saler les bœufs pour la marine? Ne fait-on pas des biscuits qui se conservent le temps qu'on veut? Du moment qu'on avait pourvu Paris de vivres pour quatre mois, on avait bien le pouvoir de lui en fournir pour deux ans si on avait voulu. En outre, on pouvait, pendant que deux cent mille hommes, sous le commandement du prince Frédéric, assiégeaient la forteresse de Metz, faire des sorties victorieuses, et, en dernier lieu, sur le plateau de la Bergerie, au moment que nos soldats allaient chasser les Prussiens de Versailles, par un ordre de trahison, on fit sonner la retraite. La défense de Paris ne montre que des séries d'artifices et de perfidies. Cette défense fit à la République un baiser très-saillant. Le *Siècle,* deux mois avant la livraison de Paris, avait compris Trochu et annoncé la reddition de la capitale. Un traître livra la ville d'Athènes à Sylla, le ministre du calife Mortasen livra la ville de Bagdagt au tartare Hulacus; un monstre de Paris l'a livré au barbare de Brangdebourg.

LA SITUATION ACTUELLE.

Tout le monde a souvenir qu'en 1830, les chefs de l'émeute fortement prononcée pour la république la livrèrent pieds et mains liés au second Égalité, qui, à Neuilly, s'était dit républicain de toute son âme. La conquête de l'émeute lui fut évidemment arrachée par ses chefs, dont les principaux, Lafayette, Arago, Casimir Périer ; les généraux Pujol, Maison et l'amiral Duperré, dans les sympathies de Sa Majesté Louis-Philippe. Le peuple vit sur la tête de Louis-Philippe la couronne qu'il avait prise au roi Charles X. La couronne, sur le front de Charles X, brillait du beau fleuron de la conquête d'Alger ; et cette même couronne, sur le front de Louis-Philippe, laissait pendre cet écriteau : bassesses au profit du gouvernement de Londres, et France tributaire de ce gouvernement à l'égal du Portugal et des Indes orientales. Sa Majesté, soi-disant citoyenne, qui devait son sceptre aux cailloux de l'émeute, la récompensa par les bonbons du cloître Saint-Méry, de la place de Grève, de la rue Transnonein et de la Croix-Rousse, à Lyon.

Admettons que l'émeute de Paris soit vaincue par les troupes de Versailles, comme après 1848 par le sabre du général Cavaignac. En pareil cas, quel sera le sort de l'émeute vaincue? Son sort sera celui des débris de l'émeute du 23 Juin. Ces débris passèrent sous le drapeau du Deux-Décembre. Sous quel joug l'émeute actuelle passera-t-elle après sa défaite? Sous le joug des d'Orléans et de leur entourage, le haut mercantilisme producteur à cause de ses immenses richesses, d'un roitelet dans chaque province de France, comme ci-devant en Italie.

J'entends qu'on me dit qu'après la disparition de l'émeute de Paris, hétérogène à la République, la République trouvera son salut dans le protectorat de la dictature, dont l'objet sera de façonner, pendant plusieurs années, les mœurs de la France au gouvernement républicain sur l'exemple de Wasington en Amérique. Cette idée, le citoyen Gambetta l'avait mise en pratique; s'il avait eu un Rochambeau à Paris de la trempe du camarade de Wasington aux États-Unis d'Amérique, les Prussiens auraient été chassés de la France comme les Anglais du pays des Bostonniens, et la République aurait ensuite prévalu. A cause de ses précédents irréprochables, le citoyen Gambetta pourra être investi d'une souveraine autorité; entre ses mains,

2.

la République sera aussi florissante que la monarchie entre les mains de Charlemagne.

Quel bel avenir !

D'autre part, le sens commun, m'affirme-t-on,
rejette les d'Orléans nonobstant la puissance de la
haute richesse financière qui cherche à les accla-
mer. La position de l'actualité est celle de 1848,
où on jeta au visage de la régente : *Il est trop tard !*
Quant au Bonapartisme, il ne veut de couronne
que de la main de la République essoufflée et bien
malade, comme au 18 brumaire et au 2 décembre.
Le propre de la quatrième dynastie est de ré-
chauffer la République sur son cœur et de la remettre en activité. A l'avenir, si la République se
place derechef entre les bras du Bonapartisme,
le Bonapartisme ne la remettra à la France qu'avec
les forces d'une durée de plusieurs siècles, car le
Bonapartisme changera ses institutions organiques.

Je viens d'exprimer des opinions différentes sur
l'avenir de la France ; la dictature me paraît la
meilleure. Si elle était comme il faut, elle dis-
penserait la quatrième dynastie, faite par la gloire,
de la corvée de remonter sur le trône et de mettre au monde la République avec stabilité, sur
l'exemple de Lycurgue à Sparte, de Solon à Athènes, de Servius Tullius en l'antique Rome.

Clovis le Grand avait créé l'hérédité de la couronne ; mais il en avait aussi établi la divisibilité. C'est cette divisibilité qui fut un vice à la constitution du premier roi chrétien. A part ce vice, autour de l'hérédité de la couronne gravitèrent les couches héréditaires chevaleresques, cléricales, agricoles, industrielles, commerçantes, prolétaires suivant l'enfance politique de cette époque. De l'habitude de cet ensemble serait sorti le perfectionnement organique, la République démocratique ; car le principe de la France, comme le principe de tous les peuples, ne déroge pas à son existence originaire ; c'est ainsi que, présentement, le gouvernement de Londres, après beaucoup d'orages et de péripéties, est revenu à son principe d'origine signalé sur les bords de la Baltique et du temps d'Alfred le Grand. L'Angleterre, depuis le règne de Marie et du fameux Guillaume Statouder de la Hollande, ce dernier seulement comme procréateur, a obtenu entièrement son principe d'origine : la république aristocratique. Ce sont les rois Jean Sansterre, Leicester, Edouard II, Henri VIII, Charles Ier qui fournirent tour à tour les clauses de la grande charte telle qu'elle existe actuellement. Le principe de l'Angleterre eut l'annexe d'un vice : l'absolutisme dérogation à son principe, c'est Guil-

laume-le-Conquérant, qui trouva fort commode pour
son égoïsme de faire des milliers de barons, dont
le pouvoir n'avait pas plus d'étendue que celui de
nos juges de paix des cantons ruraux. Guillaume-
le-conquérant, par cela même, avait autant d'autorité en Angleterre qu'Othon le Grand de la race
saxone, qu'Henri III de la race franconnienne, que
Charles-Quint de la race d'Hausbourg, en Allemagne, où trois mille petits états relevaient d'un des-
pote germanique. Je ne m'exprime pas au hasard,
car tout le monde sait qu'Henri III avait prononcé
la déchéance de Godefroy le Barbu, duc de Lorraine, et qu'il avait donné à Agnés, sa femme,
le royaume de Bavière. Guillaume de Brangdebourg, après les conquêtes de ses prédécesseurs,
marche sur l'exemple de Maximilien et de Charles-
Quint à la monarchie universelle, car après les
triomphes de Sadowa et de Paris, son orgueil et
ses prétentions doivent être aussi grands que ceux
de Maximilien et de son petit-fils Charles-Quint,
qui avait réuni à la couronne d'Allemagne la couronne d'Espagne. L'Europe est terrifiée par les
Brangdebourg comme l'Afrique après la ruine de
Carthage et la prise de Jugurtha. Dans le passé historique, lorsqu'une nation visait à la monarchie
universelle, les guerres devenaient générales, et le

résultat de ces guerres était l'équilibre européen,
ou, du moins, l'acheminement à cet équilibre. Les
temps ont bien changé ; dans ce moment, on dirait
que Bismark part de Brangdebourg sur l'Europe,
comme Philippe et Alexandre de Macédoine sur
la Grèce et sur l'Asie. Brangdebourg est aussi riche
de corruption sur la France que Philippe de Macédoine avec l'argent à dos de mulets dans les places
fortes des villes de la Grèce. En règle ordinaire, on
voit où conduisent les Brangdebourg, leurs atro-
cités et actes féroces de toute nature en France ;
ils les conduisent à l'échange de leurs pays, qu'on
appelle Prusse, avec la Pologne Russe et la Galli-
cie ; car pour éviter les conséquences de leur gouvernement militaire, l'Europe sera obligée de pren-
dre cette mesure de salut ; sans cette mesure, les
nations de l'Europe seraient exposées à passer sous
leur joug ou, du moins, à nourrir des millions de
soldats pour se tenir en garde contre des invasions formidables, qu'on peut comparer aux ava-
lanches boréales qui finirent par subjuguer la
partie méridionale de l'Europe et des côtes d'Afrique. Sur les échantillons de Sadowa, de Sedan et
de Paris, que l'Europe réfléchisse. Dans la position
où se trouve Brangdebourg, orgueilleux de ses
précédents depuis la paix d'Huberbourg, Brangde-

bourg se croit assez fort pour pouvoir faire relever de Berlin toutes les puissances de l'Europe. On pourrait lui objecter ce qu'on dit vulgairement : « qui compte sans son hôte, compte deux fois. » A l'égard des Brangdebourg, les nations de l'Europe qui ont imité l'épopée qui sommeille quelquefois, doivent s'entendre pour agir contre les Brangdebourg, à l'égal de Titus, fils de Vespasien, contre les Juifs rebelles, plus coupables qu'Athènes contre Socrate et Phocion.

Je reviens à la première race. La divisibilité de la couronne avait mis en guerre civile les descendants de Clovis-le-Grand ; un tiers des terres saliques avait été destiné à rémunérer les services des gens de guerre, qui portaient le nom de Leudes. Les Leudes, qui sentaient leur utilité par rapport aux princes dont ils relevaient, eurent la prétention de vouloir en propriété les bénéfices qui n'étaient possédés qu'à vie. Le pouvoir résista longtemps à de telles exigences ; mais Clotaire II s'engagea à accepter la proposition des Leudes contre la résistence de Brunehaut! l'Espagnole, qu'il fit écarteler. Cette reine fut victime pour la vraie foi politique. La république qui aurait pu sortir de l'organisation monarchique, vit ajourner à des temps illimités la philantropie de son triomphe.

Les Mérovingiens, précipités dans la ruine et les désordres des guerres civiles, furent sans force pour l'épuration des mœurs, et, partant, sans force pour établir le gouvernement républicain. C'est la divisibilité de la couronne qui laissa la république dans ses limbes sans l'espérance d'une sortie à bref délai.

Cependant, l'invasion des Maures en France rendit nécessaire l'unité du pouvoir; Charles-Martel, à la tête d'un grand nombre de braves enrôlés volontaires, secourus de toute sorte de sacrifices de la part du clergé français, mit son armée en ligne dans les plaines de Tours contre Abderame, général des Maures, et la victoire se prononça en faveur des Français. J'ai la conviction que si, à notre époque, le ministre Gambetta n'avait pas eu les entraves que tout le monde connaît, Molke et Bismark auraient eu la prostration infligée à Abderame et à son armée; La France se laisser vaincre par les Brangdebourg et se laisser imposer un tribut de cinq milliards avec des cessions de territoire, c'est là un événement dont on ne peut se rendre compte, que pour de graves motifs de félonie qu'on peut comparer à ceux qui portèrent Charles-le-Mauvais de Navarre et le duc de Bretagne à livrer Brest et Cherbourg au gouvernement de Londres. Les traîtres, depuis la néfaste Sedan, ont fait détruire l'élan victorieux de Bourbaki, dégager l'armée prussienne qui était entre deux feux et emprisonner Clinchant et son armée dans la Suisse, sans parler de la livraison de Paris qu'on aurait pu sauver par l'entrée des provisions pour un an. Les navires voyagent au moyen de la viande salée et du biscuit pendant plus d'un an; en second lieu, six cent mille parisiens bien armés, bien équipés, bien défendus par les forts pouvaient rompre la phalange prussienne moins nombreuse. Tout le monde se rappelle qu'en la campagne de France Napoléon Ier, à la tête de trente mille hommes, gagna cinq ou six batailles. Montereau, Champaubert, Montmirail, je m'en rapporte à votre témoignage; vous devez être fiers des plus glorieux souvenirs! Les généraux de Paris étaient loin de la capacité guerrière du vainqueur de Lodi, du Pont-d'Arcole, d'Austerlitz, d'Iéna, de Friedland, de Wagram, de la Moscowa; mais les généraux de Paris, avec une capacité ordinaire, devaient être victorieux à nombre égal. Si le général Trochu n'avait eu que le savoir des généraux Carteau et Dopet au siége de Toulon, le général Trochu ferait rire comme les deux simulacres de guerre dont je

parle; mais le général Trochu, dans les prépa-
ratifs de défense et dans ses combats et batailles,
a fait preuve d'un général expérimenté. Que doit-
on penser de lui? Peut-être ce que Saint-Louis
vainqueur à Taillebourg contre Henri III, roi d'Angleterre, peut penser de son vassal le duc de la
Marche.

Pépin-le-Bref enferma Childéric le Fainéant
dans l'abbaye de Saint-Médard, avec la béné-
diction solennelle du pape Zacharie. Par gra-
dation, la France revenait à l'unité du pouvoir.
Or, cette unité fut au complet par l'élévation de
Charlemagne qui, à raison de ses conquêtes, joi-
gnit la couronne impériale à la couronne de
France. Le Saint-Père Adrien Ier manifesta ses
sympathies au grand roi dans l'église de Saint-
Pierre-de-Rome.

Le dernier Mérovingien, emprisonné par une
race nouvelle élevée par la gloire, ne laissa pas
de descendants réfractaires à l'ordre des destinées; il devait en être autrement des Carlovingiens
et aujourd'hui des Capétiens. Du moment que les
descendants de Charles-de-Lorraine eurent tort
devant les Capétiens, comment les Capétiens
d'aujourd'hui veulent-ils faire mentir l'histoire de
France et d'Angleterre? Le 21 janvier Louis XVI

paralysa l'avenir de sa race. Charlemague (l'époque
de Charlemagne est une grande époque ; Napo-
léon Ier l'estimait de *toute la plénitude de son âme)*,
Charlemagne était pourvu du génie de Clovis-le-
Grand ; il fit de grandes choses ; il pouvait encore en faire de plus grandes. Charlemagne convoqua les assemblées générales du Champ de
Mars et du Champ de Mai ; avec les convoca-
tions, il revenait à la pureté du principe de la
France, qui était républicain au-delà du Rhin.
Charlemagne, au moyen des assemblées du Champ
de Mars et du Champ de Mai, qui ne furent que
temporaires, rendit aux hommes libres d'origine
leur liberté et leurs propriétés. Avant la venue de
Charlemagne la condition des hommes libres était
pire que la condition des serfs ; car à la glèbe les
hommes reçoivent les aliments et les soins qu'on
donne aux bêtes à raison des services qu'elles ren-
dent. Il n'était pas rare, sous les règnes des Mérovingiens, de voir les hommes libres échanger
leur condition avec celle des serfs. Toutes les
couches du peuple sous le règne de Charlemagne
furent contentes ; les Leudes, pour leur restitu-
tion aux hommes libres, furent au centuple in-
demnisés par la distribution des terres des conquêtes. Charlemagne, à raison de sa grande

puissance, aurait dû établir le régime républicain ; il est plus facile de le faire adopter par des populations presque sauvages que lorsqu'elles sont arrivées à la pourriture de civilisation ; Rome, arrivée à la corruption, fut conduite par le fouet et la verge de fer des Césars. A leur tour, les Césars virent continuellement l'épée de Damoclès suspendues sur leurs têtes. Cette épée se laissa aller sur la tête du vainqueur des Gaules, sur la tête de Néron, sur la tête d'Othon, de Vitellius, sur la tête de Didius, pour son rôle de dernier enchérisseur.

Ce n'est que par exception que les despotes de Rome n'étaient pas poignardés par la secte des stoïciens. Cette secte vit encore sous le nom de l'Ecole de Mazzini. La pratique de ses disciples est connue de tout le monde. On peut rappeler aux souvenirs les actes de la fameuse Babote dont la main armée d'un poignard portait à coup sûr. L'à-propos de l'assassinat ne lui fit jamais défaut. Si les hommes de la défense nationale avaient voulu mettre en exercice tout droit que leur donnait la loi du Talion, la France n'aurait pas été vaincue par les Prussiens, qui n'ont dû la victoire qu'à l'habileté de leurs chefs. Mais il était écrit dans les livres des destinées que les principaux chefs de

la défense nationale devaient livrer la France
aux Prussiens à l'égal des rois barbares des côtes
de Guinée, les populations au transport des vais-
seaux négriers. En 1815, Blucher comptait sur la
corruption de Paris pour asservir les départements;
or, le Sénat, et Taleyran qui lui donnait des ordres, prononcèrent par trahison la déchéance de
Napoléon et de sa famille. L'administration de
Paris, à leur exemple, porta les clés de la capitale aux étrangers, qui avaient pris leur séjour
à Chevilly. Blucher ne s'était point trompé : Bismark et Molke ont trouvé dans la défense nationale
les mêmes facilités que Blucher avait trouvées
dans le Sénat de 1814, fort des ressources des
faubourgs de Paris, dont il ne voulut se servir.
Malgré l'attentat du Sénat et de Talleyrand, le
pourri, Alexandre, l'autocrate de Russie, voulut conserver Napoléon et sa dynastie, et son
projet était arrêté en l'hôtel Talleyrand, dans la
rue Florentin. La réaction bourbonienne lui opposa
l'éloquence de M. de Vitroles qui, après trois heu-
res de conversation avec Alexandre, lui démon-
tra que le retour des Bourbons était on ne peut
pas davantage dans l'intérêt de l'équilibre des nations de l'Europe. Sans l'ambition de la prise de
Constantinople et des Indes Orientales, Alexandre II

ne tarderait pas à prêter main-forte à l'Europe pour signifier à Bismark le rang que la Prusse doit avoir parmi les nations.

Alexandre sentait les conséquences du replâtrage bourbonien, entre mille j'en cite une, l'impôt de deux milliards de 1830, augmenté de douze cents millions qu'on ne payait pas sous le roi Charles X. Cette augmentation n'eut, depuis 1830 jusqu'au 24 février 1848, d'autre consommation reproductive que l'engrais des comédiens de 1815 à 1830. A cette époque ils étaient si maigres, que Châteaubriant leur dit : *vous avez tout à recevoir et rien à donner.*

Je reviens à Charlemagne. Après qu'il eut fait opérer, à la satisfaction de toutes les couches du peuple, les restitutions de biens et de liberté en faveur des hommes libres, il pouvait établir la république démocratique, ou du moins léguer à son successeur l'indivisibilité de la couronne. Charlemagne, qui avait eu des prévoyances et des actes sublimes, fut tout à fait imprévoyant quant à des réformes essentielles. A cet égard, les grands hommes semblent, je ne sais pour quel motif, se donner tous la main pour laisser des vices aux constitutions. Pourquoi le cardinal de Richelieu n'abolit-il pas les Parlements pour avoir usurpé la législature? Pourquoi Napoléon Ier, sur l'exemple qui avait fait périr Louis XVI, eut-il en permanence un personnel d'assemblée délibérante? Pourquoi Napoléon III, sur la leçon qu'avait reçue son oncle du Sénat et de l'Assemblée des Cent-Jours, voulut-il encore le régime anglais, tout à fait incompatible avec le gouvernement paternel qu'il trouva dans le sens commun qui lui donna huit millions de suffrages? Le citoyen Gambetta a mieux connu les effets désastreux des assemblées délibérantes que les Napoléon; il les avait ajournées à un temps illimité. Si on s'était conformé à ses ordres, les guerres civiles n'auraient pas affligé la France, et la paix avec les Prussiens aurait été signée sur la rive gauche du Rhin.

Aux dix milliards dépensés ou à payer, il faut ajouter les craintes d'un replâtrage orléaniste. A ce sujet, Garibaldi a dit : « Je ne veux plus combattre *pour les agissements de la monarchie.* » Il avait vu les manœuvres des princes d'Orléans au milieu de nos armées; or, ces manœuvres n'ont pas été insignifiantes aux yeux et oreilles de la défense de Paris relativement au traité honteux de Bruxelles.

Les partisans des princes d'Orléans présentent des alarmes d'autant plus imminentes, que leurs richesses financières ont une valeur supérieure à la richesse territoriale des Leudes lors de l'élévation de Hugues Capet au pouvoir. Les princes d'Orléans ne régneraient pas longtemps sur le trône de France, car leurs partisans, qui auraient des comtés, des duchés, des baronies, des châtellenies, seraient dans la défiance contre le roi suzerain, et autant que les barons anglais contre leur ci-devant royauté, faite par Guillaume de Normandie, et détruite par l'élévation au trône de Marie et de Guillaume de Hollande. Les princes d'Orléans auraient le sort de Charles de Lorraine, qui fut enfermé à Orléans, et Rotschilt ou tout autre grand seigneur de la nouvelle féodalité, deviendrait le haut et très-puissant seigneur duquel les grands vassaux relèveraient en tant seulement qu'ils seraient appelés à défendre la patrie contre les guerres extérieures.

Les communistes, dans ce moment, cherchent à devancer les orléanistes en établissant le communisme. Le communisme établi en apparence dans les intérêts de toutes couches de la fédération, les directeurs ne tarderaient pas à en devenir les despotes ; ils abuseraient de tous les droits, comme les Leudes sous la première, deuxième et commencement de la troisième race. La différence qui existe entre les orléanistes et directeurs des communistes, consiste dans les droits acquis des orléanistes et les droits à acquérir pour le pillage des communistes. Une sage politique doit jeter le communisme dans la prostration et empêcher les orléanistes de faire remonter sur le trône la branche cadette, qui ne peut s'y élever que par le concours des Prussiens, avec le renouvellement du scandale des langes de 1815 et de 1830, dont la rupture fut faite par les suites de la révolution du 24 février 1848. Le maréchal Davoust disait : *Quand l'histoire inexorable aura exprimé ce que les Bourbons ont fait pour monter sur le trône, on jugera entre eux et l'armée.* Louis XVIII était aux genoux de l'étranger en 1815, et Louis-Philippe, en 1830, lorsque Charles X avait rendu la France à elle-même, se montra plus plat coquin, pour me servir de l'expresssion de Danton, que Louis XVIII en 1815.

Louis XVIII avait le corps d'un monstre, suivant le tableau que Buffon fait de l'homme; or son cœur était sur la ligne de son corps.

« Mon cher Robespierre, écrivait-il à l'assassin » de Louis XVI, j'ai appris avec douleur que les » circonstances vous ont élevé au fauteuil de la » présidence; vous n'en êtes que plus près de l'é-

» chafaud! venez à moi, votre place est marquée
» pour vous et vos amis, et nous rirons ensemble
» du rôle que vous avez joué en France. »

Pour ce fait historique, qu'on lise le *Censeur* de
1817 rapportant le dépouillement des papiers de
Robespierre par Durand Maillane ; qu'on lise l'histoire impartiale de l'abbé de Montgaillard, qui
n'a pas les complaisances de Lamartine pour Robespierre, de M. de Robespierre, ainsi que le
qualifiait le père honorable du poète Chénier; père
honorable à qui le froid Saint-Just disait : « Parmi
les accusés, il s'en sauve quelques-uns. » Robespierre! Napoléon disait, en parlant de ce monstre :
« A mon retour de Toulon, je voulus examiner ce
Robespierre, et je voulus savoir ce que c'était
que l'*audace dépourvue de génie.* »

Je vais parler succinctement des règnes de Louis-
le-Débonnaire et de ses successeurs, compris dans
la deuxième race appelée Carlovingienne.

La divisibilité de la couronne existait toujours,
et c'est cette divisibilité qui occasionna les guerres
entre les descendants de Louis-le-Débonnaire ;
tout le monde connaît les flots de sang à la
bataille de Fontenay, en Bourgogne, où périrent
cent mille combattants. Les guerres avaient appauvri le trône et enrichi les seigneurs. C'est le

cas de répéter que les valets font bien leurs affaires quand le maître fait mal les siennes. Par suite des guerres intérieures et extérieures contre les Normands, peuples sortis de la Suède, Norwége et Danemark, l'épuisement des ressources financières était à son comble ; or, le sceptre fut obligé de subir les exigences des grands seigneurs qui obtinrent de Charles-le-Chauve l'hérédité des offices, c'est-à-dire des provinces et de leurs fractions. La France passa de l'unité gouvernementale à un grand nombre de petits états où chaque seigneur était roi absolu ; la France au lieu d'un roi en avait deux cents. La France était peuplée de roitelets qui se faisaient journellement la guerre; ils relevaient du roi quant aux guerres extérieures; mais le moyen d'employer avec avantage les ducs, les comtes, les barons dans les guerres extérieures, lorsque des intérêts d'égoïsme et d'ambition les détournaient de la défense des intérêts généraux de la patrie. C'est pour cette raison que les Normands, qui n'avaient plus à lutter contre Charlemagne, dont les mesures les refoulaient vers les lieux de leurs points de départ, pillaient, saccageaient incendiaient; ils s'étaient emparé de Rouen, ils avaient incendié Paris, ils commettaient les excès les plus graves dans presque toute la

France et même en Angleterre ; mais Alfred-le-Grand leur présenta des écueils aussi puissants que Charlemagne. A raison des désastres de la divisibilité de la couronne, Charles-le-Gros acheta la paix des Normands et avec de grandes sommes d'or. Robert-le-Fort, comte de Paris, Eudes son fils, et l'évêque Goslin se servirent d'une autre monnaie. Les Normands reculèrent devant leurs armes victorieuses. Charles-le-Simple fit preuve de faiblesse en donnant sa fille en mariage à Rollon, possesseur de la Neustrie. Hugues-le-Grand, petit-fils de Robert-le-Fort et neveu de Eudes, comte de Paris, se montra à la hauteur de ses aïeux sous l'aspect de la gloire contre les Normands. Or, après qu'il eut emprisonné Charles-le-Simple pour avoir occasionné la mort de Robert, son père, il fit régner successivement Louis d'Outremer, Lothaire, Louis-le-Fainéant. Il fallait le passage de ces ombres carlovingiennes pour opérer l'entière fusion des vieilles idées dans les nouvelles. L'habitude du fait devait le faire ratifier à l'élection de Noyon, en faveur de Hugues Capet, fils de Hugues-le-Grand.

Quand un monarque laisse des vices à une constitution, on peut s'attendre à un déluge de maux, et toujours répulsifs de la venue de la république. Sans le vice de la divisibilité, la république pouvait s'établir sous le règne de Charlemagne ou sous le règne de son successeur ; car à raison des réformes de Charlemagne, les gravitations chevaleresques cléricales, agricoles, industrielles et commerçantes étaient assez en vigueur et avaient la moralité nécessaire pour doter la France et, partant, les nations de l'Europe d'un gouvernement républicain. Pour cette nature gouvernementale, l'entière civilisation n'est pas nécessaire ; on peut donner pour exemple les républiques de Sparte et de Rome. A Rome, les rois façonnèrent les mœurs à la république avant de l'établir ; quand la tutelle royale cessa d'être nécessaire, Servius Tullius édicta la nature gouvernementale, et à l'instant l'organisation du plus sage des gouvernements se trouva en pratique et en pleines voiles vers le complément des institutions démocratiques.

La fin de chaque race, en France, produit des rois fainéants, dont on a besoin pour faire fusionner les idées du passé avec les idées de l'avenir. La première race compte plusieurs rois éphémères ; avant la venue de Pépin-le-Bref, la deuxième race produisit les éphémères dont il vient d'être parlé, et la troisième race a produit les éphémères fainéants Louis XVIII, Charles X, Louis-Philippe. Ses enfants ont des prétentions que leur interdit l'expérience historique.

La troisième race offre des événements de la plus haute importance, avec des variantes que l'histoire des anciens peuples est loin de fournir. Les attentats à l'unité du pouvoir, productive seule de la république, furent noués à l'assemblée de Noyon ; le principe de la France n'admet ces assemblées que dans les cas extraordinaires, dans les cas de changement de race. Sous le règne de Hugues Capet, fut nouée la transformation de la monarchie absolue en régime féodal. Pour recouvrer cette monarchie absolue, proclamée par Clovis le Grand et Charlemagne, il fallut de grands efforts de génie dynastique. Les règnes de Hugues Capet, de Robert, d'Henri Ier, de Philippe Ier demeurèrent dans le statu-quo quant au régime féodal.

Sous Philippe Ier, le régime féodal augmenta ses forces, car Guillaume, qui fit la conquête de l'Angleterre où il établit l'absolutisme au lieu du régime féodal, se montra le protecteur avec immenses forces de la féodalité, qu'il avait intérêt de conserver en France à cause de ses possessions de Normandie et de Bretagne. Guillaume, en occupant le trône absolu en Angleterre, se trouvait le protecteur des comtes, ducs et grands seigneurs de France. La vieille roche semblait braver le retour de la France et de l'Europe au véritable principe de la plupart des nations de la première partie de notre planète. Sous le règne de Philippe Ier, la France était sous la compression des anxiétés, et bien plus intenses que celles où elle se trouve présentement. Dans ce moment même la France a beaucoup plus à espérer pour se débarrasser des Brangdebourg qu'après la néfaste de Poitiers et les suites de la puissance anglaise. Le traité de Bretigny était bien plus alarmant que le traité qui a pour objet l'imposition de cinq milliards et des cessions territoriales. Du temps du traité de Bretigny, la France avait pour soutien les barons anglais, et à notre époque la France a pour soutien toutes les puissances de l'Europe.

Il faut distinguer si la Russie ne veut que ses limites naturelles. La France a pour auxiliaire toutes les puissances de l'Europe ; mais si la Russie veut les Indes Orientales, contre cinquante millions d'Anglais, et Constantinople, il est certain que la France n'a pas, comme en 1815, la Russie pour auxiliaire. La Russie, dans cette dernière hypothèse, n'a pour alliée que la Prusse avec le mensonge du partage de l'Europe. Mais la Russie craint la réflexion de Berlin ; or, par cette réflexion elle ne pourrait conquérir Constantinople ; partant la Russie est pour la France, qui ne veut que ses limites naturelles qui sont la rive gauche du Rhin. La Prusse est si enflée des victoires de Sadowa, de Sedan et de Paris, qu'elle croit en sa faveur, comme Charles-Quint et Philippe II à la monarchie universelle ; chaque peuple de l'Europe, avant Brangdebourg, a cru à la monarchie universelle, et, par ses rêves, Bismark croit aussi à la monarchie universelle ; son ivresse est excusable puisque, dans le passé, cette ivresse a été générale. Si les puissances de l'Europe refusaient l'équilibre, et qu'elles fussent dans le refus de refouler les résultantes, que deviendraient l'Europe et le monde de notre planète ? tout s'inclinerait devant Berlin comme l'antiquité des peuples devant le Sénat Romain. Dans un temps donné, l'Europe avisera dans l'intérêt de l'équilibre.

Après la capture de François Ier au siége de Pavie, la France était bien plus malheureuse que présentement ; car les Allemands et les Anglais exigeaient la cession de la Bourgogne, du Dauphiné, de la Provence et de toutes possessions anglaises antérieures. François Ier, par sa fédération européenne, se débarrassa des exigences exorbitantes et Montmorency couronna le triomphe par la mort de 80 mille impériaux dans les plaines de Provence.

Depuis le xve siècle et avant, le système des contreforces est tel en Europe, qu'une nation est repoussée quand elle veut le pouvoir universel, comme dans l'antiquité le Sénat Romain. Les peuples se sont instruits à l'école de l'expérience. Dans les temps modernes, on ne verrait pas avec indifférence Vercingétorix attaché au char de triomphe de César, et avant cet empereur Jugurtha au char de triomphe de Sylla, et Persée, roi de Macédoine, au char de triomphe de Paul-Emile. Ces résultantes ne sont plus de notre époque : les temps ont bien changé, pour me servir de l'expression de Racine. — A notre époque, les ambassades ne sont pas celles de l'univers du paganisme ; nos ambassades sont dans tous les cabinets de l'Europe des sentinelles vigilantes à qui rien n'est caché. La sagacité diplomatique découvre tout ; or, par la pénétration des finesses diplomatiques, on a l'entière vérité. L'esprit, par le fait, devient l'équivalent de la bonne foi et de la vérité voulues par la saine morale.

Ce ne fut que sous le règne de Louis VI, dit le Gros, que les villes s'affranchirent du joug féodal moyennant des redevances aux grands seigneurs. Pour garantie des conventions, les villes s'environnèrent de remparts et s'entendirent avec les Capétiens, à qui elles payaient tribut, pour n'avoir rien à craindre des tracasseries et hostilités des grands seigneurs, toujours faméliques de batailles pour cause d'un agrandissement de territoire. Sous Philippe-Auguste, ce monarque, au moyen du tribut des villes et de l'impôt de ceux qui ne voulaient se croiser pour la Terre-Sainte, eut un budget assez fort pour tenir une petite armée sur pied et en permanence. C'est par cette armée et la jugerie des grands vassaux, qui appartenait de droit aux pairs du royaume, et en même temps par les mariages, que le premier suzerain de l'État recouvra l'unité du pouvoir. Grand nombre de provinces furent conquises et rentrèrent dans le domaine de la couronne. Les croisades intérieures mises en mouvement par l'abbégéisme et le pontificat, qui eut pour général Simon de Montfort, s'unirent à des causes antérieures de puissance, pour faire rentrer les provinces dans le domaine de l'État. Sous Philippe-le-Bel, la féodalité n'existait plus et le servage était aboli. Louis XI, Henri IV et le cardinal de Richelieu, sous le règne de Louis XIII, abattirent tour à tour toutes récidives des reflux de féodalité.

Quant à l'extérieur hostile qui avait humilié la France par Poitiers, Créci, Azincourt, par Edouard III, roi d'Angleterre, par le Prince Noir, son fils, d'Henri V et duc de Beford, Charles V par Duguesclin, Charles VII par l'énergie française, Louis XI par lui-même, le repoussèrent avec recouvrement de toutes provinces qui avaient appartenu à l'Angleterre depuis Guillaume-le-Conquérant et le mariage d'Éléonore d'Aquitaine avec Plantagenet, connu sous le nom d'Henri II, roi d'Angleterre.

Louis XI avait effacé, par l'énergie de sa politique, les désastres qu'avaient occasionnés les imprudences des Valois, ses prédécesseurs. Il fallait se débarrasser par la mort violente de tous les grands qui mettaient obstacle au rouage de la monarchie. Le calme était né de l'impression des actes de terreur, et ce calme se conserva sous les règnes de Charles VIII, de Louis XII, le père du peuple, de François Iᵉʳ, d'Henri II. Comme les puissances de l'Europe manquaient d'équilibre à raison de la trop grande puissance de Maximilien, qui fut augmentée par celle de Charles-Quint, son petit-fils, né du mariage de Philippe-le-Beau avec Jeanne la Folle, fille de Ferdinand d'Aragon et d'Isabelle de Castille, la guerre extérieure fut presque générale depuis le règne de Louis XII jusqu'au règne de Catherine de Médicis, dont les enfants ne régnèrent que sous son ombre. Louis XII eut à lutter contre la coalition d'Henri VIII, roi d'Angleterre, et Maximilien ; la néfaste de Guinegate fit faire la paix et, par suite, Louis XII, veuf d'Anne de Bretagne, épousa en troisièmes noces la fille d'Henri VIII. Les mariages à la suite de la cessation de la guerre ne sont que des palliatifs. A Maximilien, empereur d'Allemagne, succéda Charles-Quint, son petit-fils. François Ier eut à combattre à la fois Henri VIII, roi d'Angleterre, et Charles-Quint, possesseur de l'Allemagne, de l'Espagne, des Pays-Bas, du royaume de Naples et des immenses richesses portées du Mexique en Espagne.

François Ier était brave, spirituel, mais fort imprudent au commencement de son règne. Avec quelques ménagements, il aurait pu conserver le conétable de Bourbon, général expérimenté. Quelques injustices l'avaient mis au service de Charles-Quint. François Ier n'avait pour général en chef qu'un homme de peu de capacité, l'amiral Bonivet ; c'est lui qui causa la néfaste de Pavie. On exigea pour la rançon de François Ier plusieurs millions d'écus d'or, la cession de la Bourgogne, du Dauphiné, de la Provence ; et en faveur d'Henri VIII toutes les provinces que l'Angleterre avait occupées. Cette position était plus humiliante que celle que Bismark et Molke viennent de nous infliger. Or, par Montmorency, qui fit périr 80,000 impériaux dans les plaines de Provence, **par la** journée de Cerisoles et par une vaste puissance fédérative, François Iᵉʳ rétablit les affaires et rendit la France au rang supérieur qu'elle doit avoir en Europe.

Le talent d'Henri II, fils de François Iᵉʳ, fut secondé de François, duc de Guise ; il fit lever le siége de Metz à Charles-Quint et reprit Calais occupé par les Anglais depuis deux cents ans. Marie, fille d'Henri VIII, s'écria à la nouvelle de la prise de Calais : « Quand je serai morte, on trouvera Calais écrit sur mon cœur. »

Charles-Quint, en abandonnant le siége de Metz, dit : « La fortune est comme les femmes qui abandonnent les vieillards. » Par suite de l'abandon de la fortune, Charles-Quint, après avoir cédé l'empire à Ferdinand, son frère, empereur d'Autriche, et l'Espagne et les Pays-Bas à Philippe son fils, alla se cloîtrer dans le monastère de Saint-Just, en l'Estramadure.

On voit que l'immense puissance de Charles-Quint n'empêcha point la France et l'Europe de progresser vers l'équilibre entre les nations de la première partie du monde. Henri II avait conçu le projet qu'allait poursuivre Henri IV sans l'assassinat du Pont-Neuf, projet qui devait être mis à exécution par le célèbre cardinal de Richelieu sous le règne du fils d'Henri IV, Louis XIII.

Je passe sous silence les horreurs des guerres civiles sous le règne de Catherine de Médicis, veuve d'Henri II, qui avait péri dans un tournoi. Les couches médiocres et infimes du peuple, vraies croyantes, secondaient l'ambition des grands qui aspiraient au retour du régime féodal, voulu par les Guise, descendant de la maison de Lorraine ; voulu par les papes Grégoire XIII, Sixte-Quint, Clément VIII ; voulu plus tard par le duc de Biron qui, avec l'assentiment des puissances étrangères, pouvait rétablir un régime contraire à la nation, mais favorable à des factieux que les puissances étrangères avaient intérêt de soutenir.

Il n'aurait pas été plus facile à la France de sortir des étreintes de l'étranger que, depuis fort longtemps, le Portugal et la Belgique du joug de l'Angleterre, en entente avec les factions qui pressurent ces peuples de compte à-demi avec le gouvernement britannique.

Pendant que la féodalité était en travail d'une

nouvelle réorganisation, Henri IV battait la ligue et Philippe II, dont l'inquisition avait porté ses ravages dans les Pays-Bas par le duc d'Albe.

La situation actuelle de la France, par rapport aux Prussiens et aux communistes, est à peu près la même que du temps d'Henri III et d'Henri IV. A cette époque, on avait à craindre le féodalité de la part des insurgés, et aujourd'hui on a pareille crainte ; à cette époque, on avait à craindre la monarchie universelle de Philippe II, et aujourd'hui on peut avoir des craintes sur pareille ambition de Molke et de Bismark. Si la République devenait victime des intrigues et manœuvres des princes d'Orléans et de leurs complices, la France se verrait sur un plan incliné vers le retour féodal, le même que Meternich proposa à Louis-Philippe et au gouvernement de Londres. Ce retour féodal, comme je l'ai dit, ne serait pas au bénéfice des princes d'Orléans, parce qu'on ne les voudrait pas comme suzerains des grands vassaux de la couronne. Il faudrait une dynastie nouvelle pour occuper une dignité nouvelle faite par des financiers aussi opulents en numéraire que les preux sous le règne de Hugues Capet, de Robert, d'Henri Ier, de Philippe Ier en richesses territoriales.

Sous le règne de Louis-Philippe, les nouveaux

preux dont je parle se berçaient de l'espérance d'avoir des duchés, des comtés, des baronies, des seigneuries, des châtellenies comme les Leudes du temps de Charles-le-Chauve et époques ultérieures. Ces nouveaux preux, produits par le blason de l'argent, ont leurs correspondances et intrigues avec les reflux d'Italie et d'Allemagne. Les reflux d'Italie ont gémi sur le recouvrement de l'unité italienne, perdue à la date de la déchéance de Béranger, vaincu par Othon le Grand. Les reflux d'Allemagne se voient devant Bismark comme la puissance ducale dans le passé historique devant Henri III de la race franconienne ; Henri III, qui prononça la déchéance de Godefroy le Barbu, duc de Lorraine, et qui fit un cadeau à sa femme Agnès de la Bavière, ces reflux craignent Bismark comme la puissance ducale Othon le Grand, Henri III et, plus tard, Charles-Quint, petit-fils de Maximilien.

La Saxe, la Bavière, le Wurtemberg, le grand duché de Bade ont dit : « Si nous permettons la plantation du drapeau français sur la rive droite du Rhin, la France, en entente avec Berlin, ne fait de l'entière Allemagne que des provinces, parce que la France a toujours été écoutée pour son diapason politique. »

C'est cette réflexion qui a tenu les petits états d'Allemagne sous le drapeau belligérant de Brangdebourg.

Ces états ont une logique tout à fait historique. En France, le régime féodal fut noué à Noyon, du temps de Hugues Capet, et, par imitation, le régime féodal fut noué en Allemagne du temps de notre Louis VII, mais avec de rapides progressions depuis le règne d'Henri IV, pour cause des investitures où les emportements du pape Grégoire VII furent victimes de la puissance ducale qui, après avoir subjugué le pouvoir monarchique, tourna ses armes avec la momie impériale contre le pontificat. Le pontificat et la monarchie sont nés ensemble ; qu'on ne perde pas de vue cette vérité historique et fondamentale ! En Allemagne, l'histoire signale quatre races : les races Saxone, Franconienne, Hohensoffen et la race d'Augsbourg.

Frédéric Barbarousse fut le premier empereur qui n'eût qu'une puissance nominale ; la puissance impériale fut tout-à-fait en décroissance depuis le règne d'Henri IV, excommunié et humilié par le pape Grégoire VII, qui, faisant cause commune avec la puissance ducale, perdit toute sa force en ruinant les ressources d'Henri IV, qui dépensa tous ses domaines dans la guerre des investitures. Le pontificat, par les imprudences de Grégoire VII, perdit presque tout son prestige en Allemagne. Les empereurs, à dater du règne de Frédéric Barberousse, contemporain de notre Louis VII, furent aussi faibles que nos premiers rois capétiens par rapport aux grands vassaux de la couronne.

Un exemple de cettte proposition :

Les électeurs allemands, craignant la puissance d'Autocar de Bohême, rejetèrent sa candidature pour nommer empereur Rodolphe de Hahsbourg.

Une circonstance rendit aux empereurs leur force originaire : la force qui avait été commune aux races saxone et franconienne. Cette circonstance fut la guerre des Turcs établis à Constantinople depuis le XVe siècle par l'expulsion du dernier Constantin en faveur de Mahomet II.

Maximilien de la maison d'Autriche reprit la force que la puissance ducale avait ravie à Henri IV, à Henri V et aux empereurs de la race Hohenstauffen. Charles-Quint et ses successeurs Ferdinand, Léopold, Joseph Ier, Charles VI, Marie-Thérèse, François II firent preuve d'une grande puissance dans la monarchie imparfaite de l'Allemagne.

Le cardinal de Richelieu, sous le règne de Louis XIII, affaiblit le pouvoir des empereurs au moyen du mouvement qu'il donna aux périodes palatines, danoises et suédoises françaises. Tout était préparé au génie guerrier du grand Condé par le cardinal de Richelieu, dont la politique avait détaché le Portugal de la cour de Madrid par suite au profit de la maison de Bragance. Condé, général de vingt ans, bâtit les impériaux et les Espagnols, leurs alliés, à Lens, Rocroi, Fribourg et autres lieux, et, par suite de ces victoires, fut dicté par le vainqueur le traité de Westphalie.

Les trois mille petits états que l'empereur d'Allemagne dirigeait comme un seul homme furent réduits à trois cents; la réduction fut en progrès. Le siècle de Louis XIV et de Louis XV affaiblirent l'empire par l'annexion de l'Alsace et de la Lorraine à la France. Sous le règne de Napoléon Ier l'équilibre n'était pas entièrement obtenu en Europe; mais la guerre obtint une progression au traité de Tilsit : les trois cents états du traité de Westphalie furent réduits à trente-huit, y compris les villes anséatiques Brême, Lubech, Ambourg, Francfort-sur-le-Mein.

Sous Charles X, le projet Reyneval avait fait faire un grand pas à la civilisation et à l'équilibre; ce projet avait été adopté à l'amiable; la Belgique rentrait dans l'incorporation de la France dont les limites étaient fixées sur la rive gauche du Rhin. Ce projet fut brisé par la révolution de 1830 qui fit éclipser l'honneur national pour motif d'égoïsme d'une branche cadette associée à des complices maigres et hétérogènes à tout sentiment de patriotisme. Roi et complices, ça n'avait pas plus de valeur que le cardinal Dubois, à qui l'Angleterre payait tribut au détriment de la France, que Dubois et le régent avaient mise à la remorque du gouvernement britannique.

Voilà Paris dans ses révolutions faites par l'égoïsme des factions au préjudice des provinces ; Paris joue ce rôle depuis 1789 ; Paris, par rapport aux départements, est du césarisme : or, tout le monde connaît le sort de César, de Tibère, de Néron! d'Othon, de Vitellius, de Domitien, de Commode, d'Héliogabale ; pour cette raison, le même sort de Paris ne ferait pas verser beaucoup de larmes à la France. La politique de Nabonasar et la mort consciencieuse de Sardanapale firent détruire Ninive ; cet exemple nous donne un point de mire tout à fait salutaire.

On vient de voir la marche des événements quant à l'équilibre de l'Europe ; cette marche a été interrompue par l'arrogance de Berlin. Que produiront les reflux de Berlin ? Des tiraillements en Europe jusqu'à la venue de l'équilibre international. Berlin a mis un retard qui lui sera pernitieux et peut-être funeste.

Quand Brangdebourg verra l'autocrate sur la Turquie d'Europe en projet belligérant de s'emparer de la ville de Constantin, alors Brangdebourg, pour ne pas être envahi par le csar, se hâtera de restituer à la France ses provinces et de lui laisser planter son drapeau sur la rive gauche du Rhin. Pourquoi attendre les grands dangers de l'autocrate du Nord et le mouvement de ses invasions sur le Bosphore et les Indes Orientales? Brangdebourg devrait fouler les rêves de son ambition et se convertir en présence d'un péril qui est imminent aux yeux de tout le monde excepté de l'ivresse qu'a donné la victoire à Bismark et à Molke. L'invasion de la France sur les puissances au-delà du Rhin lui furent funestes au bénéfice des puissances de l'Europe. Brangdebourg, faites vos calculs sur cet exemple...

Louis XVI était doué d'un esprit judicieux avec beauconp de savoir ; mais, pour un roi, il avait le défaut d'être trop modeste ; il soumettait sa raison toujours aux sentiments des autres. Le vice de cette soumission l'envoya à la chambre de la

Convention nationale, et de là à la Tour du Temple et à la guillotine.

Après les guerres d'Amérique que la France avait faites victorieusement par Lamotte-Piquet, le comte d'Esteing, Rochambeau, Wasingthon contre le gouvernement de Londres, qui expia au traité de Versailles le traité de Paris qu'il avait fait subir à Louis XV, beaucoup de Français voulurent une constitution sur le modèle de celle des États-Unis. Ces vœux étaient fort louables, mais ils manquaient de savoir sur le principe de la France, voulant d'abord la nature absolue et ensuite la République démocratique. Or, la République des États-Unis était aristocratique, et à cet égard qu'on lise l'historien Tocqueville.

Les sommités, en France, entre autres le duc d'Orléans, le duc d'Éguillon, le comte de Provence, Lalitolandal, Clermont-Tonnerre, les frères Lameth, Monnier, Bailly s'étaient prononcés pour le régime anglais. Ces sommités connaissaient toute la valeur et conséquences du régime anglais en leur faveur ; ils savaient que ce régime faisait des lords à 20 millions de revenu en moyenne ; ils savaient aussi que ce régime était hétérogène à la France ; mais leurs réflexions étaient celles de tous les factieux : « Aussi peu de temps que dure notre forme organique, nous aurons toujours des bénéfices ; va pour les bénéfices. »

La monarchie à veto fut substituée à la monarchie faite par l'expérience et par le génie de Charlemagne. Nos rois, au fur et à mesure du renversement du régime féodal, le prirent pour modèle avec des rayonnements égalitaires sur toutes les couches du peuple et avec l'intention d'édicter la République démocratique à la venue de l'amélioration des mœurs et de la maturité des idées. Les novateurs voulurent une constitution calquée sur la charte anglaise. Ce calque était une société en nom collectif d'aristocrates ou l'agglomération de deux ou trois cents despotes spoliateurs du pays au profit de leur insatiable ambition. Tout le monde connaît milord en Angleterre et les déguenillés ; or, la France ne veut pas de déguenillés ; elle veut l'aisance dans toutes les classes du peuple.

Louis XVI convoqua les assemblées délibérantes durant la fièvre des novateurs appartenant à la catégorie des enrichis par le charlatanisme de Law, à l'irritation des parlements qu'on avait punis pour s'être rendus coupables de l'usurpation de l'Angleterre appartenant aux grands spoliateurs dont j'ai parlé, se berçant de l'opulence avec l'établissement du régime anglais.

Le duc d'Orléans, qui se fit l'assassin de Louis XVI, voulut exploiter son attentat en se mettant à la tête des factieux ; mais avant la mort violente de Louis XVI, il avait deux ou trois fois reculé devant le chemin au trône fait par Mirabeau ; et après Mirabeau, il attendait que Dumouriez mît au néant, avec ses baïonnettes, la Convention nationale.

Cette assemblée, remplie de défiances bien fondées, refusa des renforts à Dumouriez par Plache, son ministre. Or, par ce refus, Dumouriez fut vaincu à Neervindin. Par cette néfaste, Dumouriez ne put enthousiasmer ses soldats pour la destruction de la Convention nationale ; ils lui désobéirent.

Avec le triomphe, les généraux font des soldats ce qu'ils veulent pour la destruction des monuments élevés par l'esprit de vertige ; mais sans la gloire, les soldats passent à l'état d'indifférence et sont réfractaires à tout commandement qui a eu TORT. C'est cette vérité qui porta Napoléon Ier toujours au gain des batailles, n'importe ses chertés. Il faut rendre justice aux généraux du temps de la Convention nationale qui avaient la trahison sur le cœur ; ils ne trahirent jamais sur le champ de bataille ni dans les forteresses. Entr'autres généraux qui se proposaient l'élévation des d'Orléans et le rétablissement de la branche aînée, on peut citer Dumouriez et Pichegru. Et depuis la catastrophe de Sedan qu'a-t-on vu dans la défense des siéges et dans les plans de campagne et de bataille? la violation des droits les plus sacrés et les plus essentiels.

Le régime anglais s'établit en France en 1789. Ce régime était en opposition avec le régime du principe de la France. Le principe anglais et le principe français, dans le recouvrement de leurs natures différentes, marchèrent ensemble depuis les règnes de notre Philippe II et de Jean-Sans-Terre. Le recouvrement des deux principes eut un mutuel secours de la part des barons anglais et des Capétiens jusqu'à la fin violente de Charles Ier.

En témoignage de secours, Philippe II consentit à l'intérim de son fils, Louis VIII, sur le trône d'Angleterre. Par Jean et Leicester, les Anglais avaient obtenu la Chambre haute et la Chambre basse. Après ce succès, ils rendirent la couronne à Henri III, bien persuadés que par les châtiments qu'il avait reçus il ne porterait aucune atteinte aux droits acquis de la charte.

Sous le règne d'Edouard Ier, pendant que ce roi faisait la guerre en France, Edouard II, son fils, accorda aux deux Chambres le droit de lever des subsides. Dans la crainte qu'Edouard n'agît comme précédemment Jean-Sans-Terre, qui avait voulu retirer les concessions qu'il avait faites à l'aristo-cratie des Barons, ces barons favorisèrent le scandale Isabelle Mortimer qui donna la mort à Edouard II, et à la fois la vengeance d'Edouard III contre Mortimer et sa complice Isabelle, sœur de Louis-le-Hutin de France, dont le père était Philippe-le-Bel.

Sous le règne de Louis-le-Hutin, le principe de la France avait fait autant de progrès que le principe aristocratique de l'Angleterre. Les barons avaient acquis leur charte telle qu'elle existe au-jourd'hui, excepté la liberté des motions de tri-bune que devait octroyer Charles Ier, sans parler de la religion anglicane que donna Henri VIII pour cause de son excommunication par Clément VII.

Sous Philippe-le-Bel, la féodalité en France n'était plus que nominale; Philippe-le-Bel lui avait donné le coup de grâce par un stratagème relatif à l'altération de la monnaie.

Le régime féodal, en France, eut des reflux après la bataille de Poitiers, du temps du roi Jean; il eut des reflux après le triomphe de Charles VII, dit le Victorieux, sous le règne de Catherine de

Médicis et au commencement du règne d'Henri IV.
Les Guise et le duc de Biron aspiraient de toutes
leurs forces au retour de la féodalité, et telle
qu'elle existait sous le règne de Hugues Capet.
Deux grands hommes, Louis XI, Henri IV firent
rentrer dans le néant les mouvements rétrogrades.
Le règne de Louis XIII vit en Angleterre l'entier
couronnement du principe anglais, à part le passage de quelques éphémères, Charles II, Jacques II ;
à l'élévation au trône du fameux Guillaume de
Hollande et de Marie, la charte anglaise se vit
tout à fait au complet. Les lords anglais et mem-
bres des Communes sont si jaloux de leur autorité,
que, même à notre époque, ils ne discontinuent
d'avilir le trône comme du temps d'Isabelle et de
Mortimer. Qui ne se rappelle le scandale du procès
Bergamy ?

La France, sous le règne de Louis XVI, grand
par le traité de Versailles, n'avait à se défaire que
de quelques accessoires de féodalité : les justices
seigneuriales, les lots et ventes, les banalités, les
diversités des poids et mesures et de législation
consistant en le droit écrit et le droit coutumier.
Louis XVI avait aboli la question et d'autres abus
bien supérieurs au peu de rouille qui existait encore.

Le remède dont voulut se servir 1789 fut pire que le mal féodal dans sa plus grave intensité d'origine. 1789 fit adopter le régime anglais, aussi révoltant contre la France que l'absolutisme français contre l'Angleterre.

On a vu les efforts des barons anglais pour renverser le régime absolu créé par Guillaume de Normandie ; et, d'un autre côté, on a vu les efforts des Capétiens pour renverser la féodalité, l'équivalent du régime actuel de l'Angleterre. C'est donc une féodalité que 1789 chercha à substituer à l'absolutisme. Le régime anglais fut si odieux à la France que 1793, dans sa juste colère, extermina le régime britannique, qu'il fit remplacer par l'absolutisme du 18 brumaire.

Napoléon Ier remplit sa haute mission de dictateur avec des actes sublimes ; il fut à la hauteur du vaillant Machabée des Livres saints ; on pourrait répéter en sa faveur le langage de Fléchier : *Comment un tel homme a-t-il pu mourir !* Cependant, comme des taches sont dans le soleil, on en voit quelques-unes dans la vie de Napoléon Ier.

L'histoire inexorable en fait l'énumération ; je me borne à dire que Napoléon, à l'égal de Charlemagne, n'aurait dû convoquer qu'à temps les assemblées générales, parce qu'elles sont le *foyer des*

discordes et des guerres civiles, et toujours dange-
reuses quand le monarque de génie qui les convo-
que éprouve des revers. Assemblées délibérantes
avant et après Waterloo, j'en appelle à vos souvenirs et au témoignage de votre sincérité! Les
assemblées générales ne font qu'envenimer les
esprits : cette vérité est de tous les temps et de
tous lieux. Qui ne se rappelle à cet égard les con-
férences de Passy entre le cardinal de Lorraine et
Théodore de Bèse?

Dans les temps malheureux, en France comme
ailleurs, la dictature est de rigueur. C'est ainsi
que Louis XI s'érigea en dictateur; que le cardinal
de Richelieu, sous Louis XIII, s'érigea en dictateur; c'est ainsi qu'en Suisse Guillaume-Tell s'é-
rigea en dictateur contre Albert d'Allemagne; que
Guillaume de Hollande s'érigea en dictateur; que
le fameux Cromwel s'érigea en dictateur.

La dictature prend la durée nécessaire suivant
son pouvoir discrétionnaire. Sylla prit dix ans;
Cromwel prit une plus longue durée. En France,
notre illustre Gambetta, né avec le génie d'homme
d'Etat, avait fixé le temps de sa dictature à la fin
de la guerre contre les Prussiens. En cela il imitait
le romain Camille qui n'abandonna son autorité
qu'après l'expulsion de Brennus et des Gaulois.

On a méprisé la parole de Dieu, qui parlait par Gambetta ; je désire que la France n'éprouve pas les tribulations de ce mépris.

Que devait faire Napoléon Ier ? il devait, après quelques mois de dictature ? revenir à l'état normal des principes de la France ; il devait donner une constitution en rapport avec le principe de la nation. Son trône était héréditaire ; il devait l'environner de gravitations héréditaires ; voilà l'honorabilité du pays par le pays, comprise de tout le monde parce que tout le monde en recueille les fruits, suivant les besoins de chaque couche du peuple.

Napoléon Ier ne voulait qu'ajourner le congé des assemblées délibérantes ; mais l'ajournement ne fut que trop prolongé. Napoléon s'occupait des corporations à existence politique ; il s'occupait des corporations chevaleresques ; il décorait sur le champ de bataille suivant le mérite ; il faisait des chevaliers, des barons, des comtes, des ducs, des princes. Dans la gravitation agricole, il organisait l'hérédité comme dans la corporation chevaleresque. Tout le monde connaît l'élévation du baron Séguié au fauteuil de la cour impériale de Paris ; tout le monde connaît les dédains de Napoléon Ier lorsque les guerriers de ses armées ne voulaient pas faire des soldats de leurs enfants.

« Noblesse oblige. » C'était la devise de Napoléon Ier. La France entière bénissait le programme de Napoléon ; les agioteurs seuls le maudissaient parce que cette fraction du pays, qui voulait régner sous l'ombre d'un monarque, trouvait fort mauvais de n'avoir qu'un quatrième rang ; et, au fond, si on rendait justice au haut mercantilisme, on ne le placerait qu'après le prolétariat dont la probité lui est bien connue. Le haut mercantilisme est voleur depuis le charlatanisme des billets de banque de Law, et en progrès de malversations comme les Juifs depuis que Titus en dispersa les débris parmi toutes les nations. Comme la haute richesse financière se rappelle le gouvernement paternel de Louis XIV qui abattit l'insolence d'un Aaron et le décret sous presse de Napoléon Ier, qui faisait rentrer dans le domaine de l'Etat les biens nationaux. La haute richesse financière déteste le gouvernement paternel et la République, qui est la conséquence de ce gouvernement. Le haut mercantilisme ou voleurs impunis ne veulent que le règne des d'Orléans, parce que, sous ce règne, ils se trouvent en camaraderie. Cette camaraderie date principalement de 1830. A cette époque, Louis-Philippe dit au haut mercantilisme : « Augmentez votre fortune suivant votre volonté ;

votre opulence sera la défense et garantie de mes prérogatives gouvernementales. » Philippe, qui voyait son anathème comme roi par la mort de Louis XVI, du 21 janvier, cherchait à faire une aristocratie de richesses pour en être le suzerain. Cette gloriole n'aurait pas duré longtemps, car Philippe aurait été remplacé par un homme nouveau, Rotschild, par exemple.

Je crois avoir dit que la France peut compter sur la stabilité de la République; mais à la condition que cette stabilité sera donnée par un monarque d'une quatrième race. Toutefois, cette règle a une exception : le ministre Gambetta, avec une dictature de quatre ou cinq ans, pouvait espérer la stabilité de la République; si sa colère n'avait pas plus de force que celle du héros d'Homère, notre plébéien haut enjambé sous tous les aspects, pourrait encore remplir ses vœux et ceux de la France, à laquelle il ne manque qu'une partie des mœurs qui font le gouvernement républicain.

Les monarques, sous le gouvernement paternel, ont la prérogative de façonner les mœurs à la stabilité de la République. C'est ainsi que les rois de l'ancienne Rome prédisposèrent les populations à la République aristocratique : quand elles furent jugées dignes de ce gouvernement, Servius Tullius en édicta la nature; et elle dura jusqu'à l'arrivée de la corruption, qui ne veut que le fouet du despotisme. En Angleterre, les rois ont donné tour à tour chacun une partie de la grande charte; Charles Ier finit par la compléter en permettant les motions de tribune.

Au-delà du Rhin, la France était républicaine, et sur la mer Baltique l'Angleterre était républicaine; mais la République de l'autre côté du détroit est aristocratique, tandis que la nôtre au-delà du Rhin était démocratique.

Nos Capétiens avaient organisé des républiques presque dans toutes nos villes; avec le protectorat de nos rois elles résistèrent victorieusement aux hostilités incessantes des grands seigneurs de la féodalité.

La moitié de la population française, on peut l'affirmer, était républicaine sous la royauté Capétienne. Or, lorsque dans des temps reculés une race obtient la stabilité de la République pour des grandes fractions d'un pays, une quatrième race, faite par la gloire et l'élection qui en est une conséquence patriotique, peut bien espérer de créer la stabilité de la République démocratique. Ce n'est pas le régime anglais, ce n'est pas le césarisme qui peuvent produire à toujours le gouvernement républicain, car la pourriture est impropre à engendrer la pureté. C'est le gouvernement paternel assis sur ses véritables bases et exclusif des assemblées délibérantes qui peut seul doter la France de l'installation de la République avec stabilité. Si on imposait à la quatrième race les formes du régime anglais, qu'aurait-on? une momie sur un piédestal ou le césarisme comprimant les assemblées délibérantes, comme à Rome les comices. Ce n'est pas avec un despotisme à plusieurs têtes ou régime anglais qu'un monarque de la quatrième race établirait la stabilité républicaine ; ce n'est pas avec un tel vice laissé à la constitution qu'on obtiendrait le gouvernement républicain ; et cela parce que, avec la nature despotique, les mœurs, fussent-elles bonnes, deviennent mauvaises. Les couches supérieures du peuple sous le despotisme ne cherchent qu'à s'enrichir au moyen des escroqueries dont les variantes sont de fortes plaies sociales.

Tout le monde sait par cœur les déprédations de 1830 au 24 février 1848 ; tout le monde sait par cœur ce que fit voler le régime anglais sous le règne de Napoléon III : Les Pereire s'enrichirent de six milliards ; M. Pouyer-Quartier signala les chevaliers d'industrie au grand jour de la France et de l'Europe. Personne n'ignore qu'à Paris le Syndicat, dans neuf ans, s'enrichit de treize milliards.

On voit que le régime anglais, en France, ne peut pas faire des mœurs républicaines ; il faut conséquemment donner à la France, si la République actuelle ne peut se soutenir, une dynastie héréditaire faite par la gloire, avec les véritables pondérations voulues par le principe de la France. Il faut que ces pondérations soient héréditaires et gravitent autour du trône. Chacune de ces pondérations doit être à part dans le corps social, comme les viscères, artères et rameaux dans le corps humain. Au lieu de l'ambition frénétique inséparable du régime anglais en France, on se félicitera dans chaque couche du peuple d'une noble émulation avec un concours général pour le bonheur de tous.

Du grand œuvre du gouvernement paternel naîtra la République ; elle sera proclamée quand il en sera temps par un monarque de la quatrième race. Je désire que Dieu dispense des filières et que, par une grâce surnaturelle, il rende notre République actuelle durable et florissante.

Enfin je crois avoir dit qu'à défaut de la stabilité de la République, la branche cadette des

Bourbons remonterait sur le trône, mais avec la durée d'un feu follet. Après la déchéance des d'Orléans, le trône ne peut pas revenir à la République ; car les mœurs qui l'auront rejetée ne pourront la reprendre aussitôt. C'est la quatrième race qui sera appelée à régner. Si elle revenait encore avec le régime anglais, elle aurait le sort de Napoléon Ier et de Napoléon III.

La dynastie de Napoléon III ne pourra revenir à l'héritage de la gloire qu'avec le gouvernement paternel, investi des gravitations de toutes couche du peuple. Le trône étant héréditaire, les gravitations doivent être héréditaires.

Républicains, votre cause n'est pas désespérée ; la religion du Christ fut entravée par les dissidences ; avec la persévérance les dissidences ont disparu ; pour cette raison la République, qui est une sœur de la religion, peut compter sur la fuite des discordances aussi acerbes qu'elles puissent être.

Comment la République n'adviendrait-elle pas en France, lorsque nos pères étaient républicains au-delà du Rhin, et que le prophète Samuel, envoyé de Dieu, dit à son peuple : « N'abandonnez pas la République, car si vous l'abandonnez, vous ferez des *vaisseleuses et des hommes de corvée.*

Après la prostration des insurgés, un dictateur tranchant et égalitaire est de toute nécessité. A défaut de dictature, on ne peut appeler à la première place les exhumations bourboniennes, parce que ces exhumations seraient, sur le trône de France, comme les Auguste de Saxe et Poniatowski sur le trône de Pologne. Comme les Auguste de Saxe, ils appartiendraient à une faction, et cette faction serait, dans les sympathies de l'étranger.

A raison de cet état de choses, Louis XVIII, Charles X, Philippe furent à la remorque du gouvernement de Londres. Par progression, s'il survenait un replâtrage, la France serait dépecée comme la Pologne.

A défaut de la dictature comme sauvegarde de la République, on sera obligé de revenir à l'ornière de la logique commune aux dynasties de notre nation que la gloire fait monter sur le trône qui, en France, a horreur du régime anglais et du césarisme, sans exclure les besoins éventuels de la dictature monarchique.

Si peu que vaille une nation, une nature gouvernementale relative, avec les solidarités européennes, peut conserver cette nation.

A notre époque, la puissance musulmane, en décadence depuis le règne de Soliman II, est on ne peut pas plus délabrée malgré qu'elle ait un pied en Europe et un pied dans l'Asie Mineure, qui est le jardin de l'Asie, comme la Limagne d'Auvergne est le jardin de la France ; à notre époque, la puissance musulmane se trouve abritée contre tous les dangers à raison du système des contreforces, qui veut rigoureusement l'équilibre.

Les victoires de Sébastopol et, précédemment, de l'Alma et Inkerman témoignent de cette vérité connue de tout le monde.

Je reviens à la France. Si elle manque de vigueur pour la République, qu'on lui donne la monarchie absolue, avec ses vérités fondamentales, mais non avec les monstruosités du césarisme ou du régime anglais. La France a montré trop de vibrations d'honneur pour être envoyée au fouet du despotisme.

On me dit que la République, en France, ne peut être qu'un déluge de calamités, parce que généralement chaque Français sacrifie les intérêts de la nation aux intérêts personnels et d'égoïsme. On me cite plusieurs exemples, et entre autres l'exemple des affamés de 1830, qui firent reprendre à la nation les langes que la conquête d'Alger et le projet Reyneval, approuvé de l'Europe, avaient évidemment rompus. 1830 était la république aristocratique du gouvernement de Londres ; Charles X , avant sa déchéance, régnait aussi environné de la république de l'Angleterre ; mais il voulut la briser par la gloire et l'établissement de l'entier équilibre entre toutes les nations de l'Europe. Charles X voulut remettre à la quatrième dynastie le sceptre tel que son frère l'avait reçu de Napoléon. Sans les reflux de l'usurpateur de 1830 et de ses complices, la couronne de France aurait été entièrement épurée ; or, l'égoïsme du monarque aurait fait les prospérités de l'égoïsme de chaque particulier, attendu que l'un et l'autre de ces égoïsmes n'auraient pu produire que l'émulation et non l'ambition.

Pour faire le bonheur de ses sujets, il suffit à un roi absolu d'être communément organisé. L'Etat, il est vrai, a quelquefois des maladies, mais elles ne sont pas mortelles ; à des revers succèdent de grands triomphes, et tout se trouve compensé.

Malgré les raisons qu'on me donne, je pense qu'au moyen d'un dictateur d'une organisation supérieure, la République pourrait acquérir les mœurs convenables et régner en France et en Europe jusqu'à l'époque où l'humanité ferait d'éternels adieux à la terre, sur laquelle le Créateur a fait passer et vivre des êtres qui ne sont plus, et qu'on trouve encore en l'état de fossile, un mammouth, par exemple, découvert par mon honorable ami M. Ludomir Combes, géologue qu'Isabelle, reine d'Espagne, a fait chevalier de l'ordre de Charles III, pour des travaux scientifiques que sut apprécier Sa Majesté.

Au nom de l'indulgence qu'on a eue, non pour la complicité de la régence de Louis XV ni pour 1789, époques qui ont été châtiées par 1793, mais au nom de l'indulgence que la France a eue pour les voleurs de 1830 au 24 février 1848 et pour les voleurs sous le règne de Napoléon III, coupables de 60 à 80 milliards d'escroqueries directes ou indirectes, je prie le gouvernement de Versailles d'enrichir les chefs des insurgés de Paris, suivant l'habitude du passé révolutionnaire, et de récompenser par l'Océanie le courage malheureux des sans-culottes susceptibles, par une patrie nouvelle, de se montrer supérieurs, dans un temps donné, aux Anglais qu'on envoie dans la Nouvelle Hollande, et avant aux crapules européennes, que l'émigration plaçait dans les provinces relevant de la capitale Philadelphie.

Des bambins veulent se hisser contre le principe de la France et ses grands hommes, Clovis le Grand, Charlemagne, Philippe-Auguste, Louis XI,

François Ier, Henri II, Henri IV, Louis XIII par le cardinal de Richelieu, Louis XIV, Napoléon Ier; ces bambins font pitié quant à l'avenir; mais dans les temps de tribulations, ces bambins sont des sauterelles destructives ou un *oïdium* temporaire fort affligeant; ces bambins sont sur le corps social comme le pus d'un cadavre sur une *incision*. Or, il faut beaucoup de temps pour guérir les effets de ce virus pestilentiel.

L'alternative de la France est la République ou l'absolutisme napoléonien; qu'elle choisisse honorablement si elle ne veut être dépecée comme la Pologne.

GERVAIS.

TABLE

DES MATIÈRES.

www.ingramcontent.com/pod-product-compliance
Lightning Source LLC
Chambersburg PA
CBHW071503030726
47593CB00003B/1123